OBSERVATIONS

POUR

LES COMÉDIENS FRANÇAIS,

SUR

*La Pétition adreſſée par les Auteurs Dramatiques
à l'Aſſemblée Nationale,*

OBSERVATIONS

POUR

LES COMÉDIENS FRANÇAIS,

SUR LA PÉTITION

ADRESSÉE

PAR LES AUTEURS DRAMATIQUES,

A l'Assemblée Nationale.

A PARIS,

De l'Imprimerie de PRAULT, Imprimeur du Roi;
Quai des Augustins, à l'Immortalité,

1790.

OBSERVATIONS

POUR

LES COMÉDIENS FRANÇAIS,

SUR LA PÉTITION

Adreſſée par les Auteurs Dramatiques,

A L'ASSEMBLÉE NATIONALE.

——————

Une queſtion à laquelle on affecte d'attacher beaucoup d'importance, mais qui au fonds n'eſt pas difficile à réſoudre, va bientôt s'agiter devant l'Aſſemblée nationale.

Des réclamations ſont adreſſées à ce tribunal auguſte par les Auteurs dramatiques, contre les Comédiens du Théatre français.

Pour rendre ces réclamations plus impoſantes,

A 2

on les repréfente comme le vœu de tous les Auteurs dramatiques, quoique la pétition qui les renferme ne foit fignée que de quelques-uns.

On a même eu l'adreffe, ou plutôt l'artifice, pour s'efforcer de paroître devant l'Affemblée nationale avec un plus grand nombre de fignatures, d'y mêler celles d'Auteurs qui n'ont jamais rien compofé pour le Théâtre français, & qui dès lors ne peuvent pas être comptés parmi les écrivains dramatiques, comme M. *Framery* (1), & celles d'Auteurs qui, non feulement n'ont pas figné la pétition, mais ne l'ont pas

______

(1) On trouve dans le réglement fait en 1780, entre les Auteurs dramatiques & les Comédiens français, la claufe fuivante, qui y a été inférée par les Auteurs eux-mêmes :

« N'entendons *par la dénomination d'Auteurs drama-* » *tiques*, ayant droit d'avis & voix délibératives entre » nous, que *les Auteurs dramatiques qui ont une ou* » *plufieurs pièces repréfentées à la Comédie françaife,* » & nous convenons de n'admettre à délibérer déformais » avec nous que les Auteurs dramatiques qui feront dans » le même cas expliqué ci-deffus. »

même connue , comme Monfieur *Vigée* (1).

On s'eft livré enfuite dans cette pétition à une multitude de détails étrangers au fonds des queftions qu'on y difcutoit.

On s'y eft permis toute efpèce de reproches contre les Comédiens français.

On y eft même defcendu jufqu'à des inculpations odieufes, & qui n'auroient jamais dû fouiller la plume des hommes diftingués qui ont figné l'adreffe dont ces Comédiens font l'objet.

Peut-être des gens de lettres fe devoient-ils à eux-mêmes d'écrire avec plus de dignité & avec une partialité moins pleine d'amertume.

Il femble au moins qu'ils n'auroient pas dû

---

(1) Extrait d'une lettre de M. Vigée à la Comédie française , du 6 Septembre dernier.

« Je n'ai point été préfent à la délibération des Auteurs dramatiques; je n'ai point entendu la difcuffion des motifs qui ont fait rédiger l'adreffe : *l'adreffe* » *même ne m'a point été communiquée, & c'eft avec* » *furprife que je la vois revêtue d'une fignature que je* » *n'ai point donnée.* »

Je fuis, &c. *Signé* VIGÉE.

A 3

oublier qu'ils écrivoient pour une assemblée de Législateurs, & que ce n'étoit pas avec des sarcasmes, des traits d'animosité ou des invectives, qu'il falloit exposer ou développer les motifs des réclamations qu'ils présentoient à cette Assemblée.

Il existe d'ailleurs entre les écrivains dramatiques & les Comédiens, des rapports nécessaires, & qui leur défendent de chercher à se nuire les uns aux autres, sous peine de se nuire aussi à eux-mêmes.

Les Comédiens seroient sans doute dans l'impuissance d'exercer leur art, si les Auteurs ne composoient pas des pièces qui leur fournissent les occasions ou les moyens de le pratiquer.

Mais, d'un autre côté, les pièces composées par les Auteurs ne pourroient jamais acquérir dans l'opinion le prix qu'elles sont destinées à en obtenir, si elles n'étoient pas mises en action & rendues en quelque sorte vivantes sur la scène par les Comédiens.

Le talent de l'Auteur a donc besoin du talent du Comédien, comme le talent du Comédien a besoin de celui de l'Auteur.

L'Auteur est celui qui fournit la matière première, le Comédien celui qui la met en œuvre.

Quand Voltaire écrivoit son chef-d'œuvre de
l'Orphelin de la Chine, il songeoit que *le K'ain* y
paroîtroit sous les traits superbes de *Gengiskan*,
& y donneroit, par le caractère si imposant de sa
déclamation, une nouvelle énergie encore à ce
rolle.

Quand M. de la Harpe lui-même écrivoit *Phi-
loctete*, il songeoit à M. *Larive*.

C'est donc pour les Auteurs & pour les Comédiens une nécessité de se concilier, au lieu de
se combattre.

C'est même une nécessité qui tient à la nature
des choses, & à laquelle les uns & les autres ne
peuvent pas absolument s'empêcher d'obéir.

Non seulement l'art en lui-même périroit bientôt par leurs divisions, mais leur intérêt mutuel
en souffriroit, & ils perdroient tous par-là leurs
moyens de fortune & leurs moyens de gloire.

Mais comment se concilier ?

Comment, au milieu de cette guerre si animée
que les Auteurs dramatiques font aux Comédiens,

espérer de faire entendre la voix de la modéra-
tion & de la justice ?

Si on s'en rapporte aux Auteurs, les Comédiens élèvent des prétentions qui ne font ni justes
ni raisonnables.

Peut-être que lorsqu'on connoîtra la défense
des Comédiens, on trouvera, si l'on veut être
de bonne foi, que ce font au contraire les Auteurs qui élèvent eux-mêmes ces prétentions qui
ne font ni raisonnables ni justes.

Voici comment il nous paroît que cette défense
pourroit être présentée.

Nous croyons même qu'elle peut se borner à
quelques observations extrêmement simples.

Séparons d'abord de la pétition des Auteurs
tout ce qui est étranger à la question qui y est
agitée, tous les détails inutiles, toutes les per-
sonnalités, les querelles d'amour-propre, car les
Comédiens ne croyent pas devoir y répondre,
& n'examinons que cette question elle-même.

On peut réduire les plaintes des Auteurs à
quatre objets principaux.

Le privilége exclusif des Comédiens français.

L'établissement d'un second théatre.

La propriété des pièces des Auteurs morts.

Les pièces des Auteurs vivans.

Qu'on lise la pétition présentée à l'Assemblée nationale, & tous les écrits ou mémoires qui ont été composés sur cette matière depuis quelques mois, on verra que c'est à ces quatre points seuls que viennent aboutir toutes les réclamations des Auteurs dramatiques, & on peut dire même toutes leurs clameurs.

Parcourons donc ici ces quatre points successivement; on va voir qu'ils peuvent être discutés en très peu de mots.

D'abord, *de privilège exclusif*, il n'en existe plus pour les Comédiens français.

Celui qu'ils ont possédé pendant plus de cent années, ils le tenoient de la puissance publique, & ils en jouissoient sous l'autorité des loix.

Il n'étoit pas question là d'usurpation ni de voie de force.

Le Parlement de Paris avoit enregistré lui-même tous leurs réglemens, & c'étoit lui qui étoit chargé d'en maintenir l'exécution.

Ainsi les Comédiens français étoient, comme tous les autres citoyens à qui l'autorité légitime qui gouvernoit alors le royaume, avoit accordé un droit quelconque, & qui l'exerçoient sous l'inspection ou la surveillance des tribunaux.

On crie beaucoup aujourd'hui contre la prétendue tyrannie de leur privilège.

Peut-être n'aura-t on que trop occasion de s'appercevoir dans quelques années que lorsque Louis XIV, si sensible aux jouissances d'un art dans lequel il mettoit une partie de sa gloire, avoit voulu que tous les grands talens fussent réunis sur la même scène, & qu'ils s'excitassent encore par cette réunion qui les plaçoit ainsi en présence, & qui les encourageoit en quelque forte à se surpasser mutuellement, il avoit eu une idée aussi juste que profonde, & qu'en effet le véritable secret de l'art du théâtre est bien plutôt dans ce rassemblement qui mêle & unit les talens illustrés dans des genres divers, & qui en fait comme un foyer où ils s'échauffent les uns les autres par une rivalité obligée & toujours renaiffante, que dans cette prétendue concurrence qui les empêche d'être eux-mêmes leurs propres témoins, & qui les difperfe ou qui les fépare.

Mais au refte il eft inutile de difputer d'opinion à cet égard.

Le privilège des Comédiens françois a été détruit lorfque les Repréfentans de la nation ont détruit tous les privilèges.

Ils ne demandent point eux-mêmes à le conferver.

Ils ne demandent point qu'on le faffe revivre.

Mais d'imaginer, que parce que ce privilège fe trouve détruit, tout ce qui a été fait pendant qu'il exiftoit n'a plus aucune valeur, qu'on eft libre de revenir aujourd'hui fur tous les contrats, d'enfreindre toutes les conventions, de fe fouftraire à tous les marchés ; qu'on a le droit de rétracter ce qu'on a confenti, de reprendre ce qu'on a vendu, d'anéantir ce qu'on a exécuté, c'eft une folie qui, certes, ne mérite pas qu'on s'y arrête, & qu'on juftifieroit prefque en la réfutant.

'A l'égard de *l'établissement d'un second Théâtre*, nous n'en dirons qu'un mot.

Par cela même qu'il n'existe plus de privilège, les Comédiens Français n'ont certainement pas le droit de s'oppofer à ce qu'il s'établiffe à Paris un fecond Théâtre; & quand ils auroient ce droit, ils ofent aflurer qu'ils n'en uferoient pas.

Il peut être utile pour eux qu'on fafle enfin cette expérience qu'on paroît défirer depuis fi long-tems, & qui peut-être défabufera elle-même de l'influence qu'on en attend ou qu'on en efpère.

Il leur importe fur-tout que les Auteurs foient à portée de fe convaincre s'il eft de leur véritable intérêt qu'il s'élève plufieurs Théâtres; fi, lorfque ces établiffemens feront multipliés, les frais d'exploitation ne le feront pas aufli; fi, lorfqu'il y aura plus de frais, il n'y aura pas moins de recette; fi, par cela feul que la recette fera divifée, elle ne feia pas affoiblie; & fi d'ailleurs, ce qui eft une confidération bien plus eſſentielle pour les Auteurs, que celle de leur intérêt, ſi la gloire de l'art ne périra pas par cette multitude même d'établiſſemens, & par conſéquent la leur propre.

Au reſte, avant Louis XIV, il exiſtoit deux Troupes rivales.

Les inconvéniens qui en réſultèrent, obli-gèrent ce Prince de les réunir

Aujourd'hui qu'il n'exiſte qu'une ſeule Trou-pe, on en demande une ſeconde; & lorſqu'une fois elle ſera établie, nous ne ſerions pas étonnés qu'on en revînt bientôt au plan de Louis XIV.

Qu'on établiſſe donc, ſi l'on veut, cette ſe-conde Troupe ; mais qu'on ne prétende pas lui donner le droit de jouer les pièces qui appar-tiennent à la Comédie Françaiſe : car ces pièces ſont la *propriété* de ce Théâtre, & ne peuvent devenir la proie d'aucun autre.

Ici ſe préſente la première queſtion que nous avons annoncée, & qui eſt relative *à la pro-priété des pièces des Auteurs morts.*

Les Comédiens Français foutiennent que les pièces de Corneille, de Racine, de Molière, de Voltaire, &c. font en effet leur propriété.

Les Auteurs Dramatiques prétendent que non.

Mais, d'abord, de quel droit les Auteurs élèvent-ils une queftion qui ne peut pas naturellement les regarder ?

Qui font-ils pour attaquer les conventions faites entre les anciens Comédiens du Théâtre Français & les anciens Poëtes de ce Théâtre ?

Sont-ils les fuccefleurs de ces hommes célèbres ? font-ils leurs héritiers ? ftipulent-ils les intérêts de leurs familles ?

S'il s'établiffoit à Paris une nouvelle Troupe, & que cette Troupe s'arrogeât le droit de jouer les pièces qui forment le fonds du répertoire de la Comédie Françaife, la Comédie Françaife traduiroit fur le champ cette Troupe dans les Tribunaux, & y demanderoit qu'elle fût condamnée à fe borner aux feules pièces qu'elle auroit acquifes.

Il n'y a que les Tribunaux, en effet, qui

puiſſent décider ſi une telle pièce eſt ou n'eſt pas la propriété d'un tel Théâtre.

Cette queſtion n'eſt pas du reſſort de l'Aſſemblée Nationale.

Le Corps légiſlatif crée les principes ; mais il ne les applique pas.

Il fait les loix ; mais ce ſont les Tribunaux qui les exécutent.

L'Aſſemblée Nationale a décrété, dans la *Déclaration des Droits de l'Homme*, que « les » propriétés étant un droit inviolable & ſacré, » nul ne pouvoit en être privé, ſi ce n'étoit » lorſque la néceſſité publique, légalement » conſtatée, l'exigeoit évidemment, & ſous la » condition d'une juſte & préalable indem- » nité (1). » Mais elle n'a pas décrété que telle choſe ſeroit une propriété, ou n'en ſeroit pas une.

Quand il s'élève à cet égard une difficulté particulière, ce n'eſt pas au Corps légiſlatif à la décider, c'eſt aux Tribunaux.

____

(1) Article 17.

On ne peut pas m'ôter ma propriété par un décret ; car les décrets veulent au contraire que toutes les *propriétés* de toute nature foient à l'abri de toute efpèce d'atteinte ; on ne peut me l'ôter que par un jugement.

Le jugement même qui me dépouille, ne m'ôte pas alors ma propriété ; car ma propriété eft hors de la puiffance même de la loi : feulement il déclare que ce que je regardois comme ma propriété, n'étoit pas véritablement ma propriété, & ne m'appartenoît pas à ce titre.

On fent bien qu'il feroit commode pour les Ecrivains dramatiques de faire décider par un décret de l'Affemblée Nationale, c'eft-à-dire par une *loi*, que toutes les pièces qui forment le répertoire de la Comédie Françaife appartiennent à tout le monde.

Mais jamais l'Affemblée Nationale ne fe portera à commettre une injuftice auffi révoltante.

Il fuffit que les Comédiens Français foutiennent que les pièces de leur répertoire font *leur propriété*, pour que l'Affemblée Nationale ne puiffe pas interpofer un décret qui déclare

que

que ces pièces ne font pas leur propriété ; car fa puiffance, finit là où commencent, les conteftations fur les droits,

Quand même les Comédiens Français fe tromperoient ; quand leur prétention ne feroit pas fondée ; quand on pourroit croire qu'ils n'ont aucun droit à ces pièces qu'ils fuppofent leur appartenir, le Corps légiflatif n'en feroit pas plus compétent pour décider qu'ils font dans l'erreur, & les dépouiller par un décret, les Tribunaux feuls auroient ce pouvoir.

Ce font là , au furplus, les vrais principes ; ce font ceux de *Rouffeau*.

Rouffeau dit (1) : « La volonté générale ne » peut prononcer ni fur un homme, ni fur un » fait.

» Dès qu'il s'agit d'un fait ou d'un droit » particulier fur un point qui n'a pas été réglé » par une convention générale & antérieure, » l'affaire devient contentieufe, *c'eft un pro-* » *cès.*

____

(1) Contrat focial , chap. *des bornes du pouvoir fou-* *verain,*

» Le pouvoir souverain, tout absolu, tout
» sacré, tout inviolable qu'il est, ne passe ni
» ne peut passer les bornes des *conventions gé-*
» *nérales* ; & dès que l'affaire devient particu-
» lière, *ce pouvoir n'est plus compétent.* »

Ainsi, quand on supposeroit que les Comédiens Français n'auroient pas en effet le droit
de s'attribuer la propriété des pièces qu'ils prétendent leur appartenir, il est évident que l'Af-
semblée Nationale, qui est ici *la volonté géné-*
rale, ne seroit pas compétente pour prononcer
sur ce droit particulier, & que cette faculté
n'appartiendroit qu'aux Tribunaux seuls.

Mais est-il vrai que la prétention des Comédiens Français à cet égard ne soit pas fondée.

Qu'entend-on par propriété ?

La propriété est ce qu'on a reçu, ou ce
qu'on a acquis à quelque titre que ce puisse
être.

Or, les Comédiens Français ont véritablement *acquis* les pièces qui forment leur répertoire.

Là preuve en eſt dans leurs propres regiſtres.

Nous n'en citerons que quelques exemples,
pris au haſard.

On voit dans ces regiſtres, à la date de
l'année 1660 :

» *Donné à Molière, pour les Précieuſes Ridi-*
» *cules, en pluſieurs à-comptes,* mille livres (1).

» *Donné à Moliére, pour le Cocu imagi-*
» *naire, en trois payemens,* quinze cents livres ;
& au dernier payement, on lit ces mots :
» *Achevé le 7 Septembre de payer Molière,*
» *pour le Cocu imaginaire.*

A la date de 1661 : *Donné à Molière pour*
Dom Garcie, 968 livres.

Pour *les Fâcheux* 1100 liv.

A la date de 1662, on lit : « la Troupe a
» donné à M. Boyer, *pour la Tragédie de*

____

(1) A cette époque, les louis ne valoient que *onze li-*
vres, & les mille livres d'alors faiſoient deux mille livres
de notre monnoie actuelle.

B 2

» *Bonaxare, cent demi louis* dans une bourſe
» brodée d'or & d'argent ».

A la date de 1665, on lit : *Attila de Pierre
Corneille, pour laquelle on lui a donné 2000 liv.*
PRIX FAIT.

A la date de 1670, *Bérenice de Pierre Corneille,
dont on lui a payé* PRIX FAIT 2000 *livres.*

A la date de 1667 « *la Troupe a délibéré de*
» *payer à M. Corneille & à Madame Guérin,*
» *ci-devant veuve de Moliere, la ſomme de*
» DEUX CENTS LOUIS D'OR *pour la piece du*
» *Feſtin de Pierre* ».

On voit dans ces Regiſtres quelque choſe
d'encore plus fort, on voit que les Comédiens
Français commandoient des pieces aux Auteurs,
& les payoient à l'avance.

On lit à la date de 1663, *payé à M. la
Calpenede, pour une piece de Théâtre* QU'IL
DOIT FAIRE, 800 livres.

Si ce ne ſont pas là des propriétés, nous prions
qu'on nous diſe ce qu'on entend par ce mot,
& à quoi on prétend l'appliquer.

Mais, dit-on, il faudroit un *acte de tranſmiſſion*

émané des propriétaires, & il ne paroit pas qu'il en exifte. (1)

D'abord, il exifte des actes femblables.

Il en exifte même pour les Auteurs morts, & pour les Auteurs vivans.

Croit-on, par exemple, que la ceffion faite par feue Madame *Denis* à la Comédie Françaife (1), & conçue en ces termes :

» Je fouffignée légataire & héritiere de *tous*
» *les biens & manufcrits* de M. de Voltaire,
» mon Oncle, je cede & abandonne *en toute*
» *propriété* à Meffieurs les Comédiens Français
» tous les honoraires que je fuis en droit de
» prétendre , *foit pour le préfent , foit pour*
» *l'avenir* , des repréfentations de feu mon
» Oncle » , — ne foit pas un titre de propriété ?

Croit-on que l'acte *pardévant Notaires* par lequel les héritiers de feu du Belloy ont cédé à la Comédie Françaife les fix Tragédies de

---

(1) Pétition, page 30.
(2) Le 28 *Juin* 1778.

B 3

cet Auteur, moyennant la somme de six mille livres (1), *& pour par lesdits sieurs Comédiens Français, leurs successeurs & ayant cause, jouir, faire & disposer de ces six Tragédies comme bon leur semblera, & de chose leur appartenante, à compter de ce jour,* (2) ne soit pas aussi un titre de propriété ?

Croit-on que cette cession de M. *Palissot* qui a *signé* la Pétition des Auteurs dramatiques,

« Je soussigné reconnois avoir reçu de M.
» Bellot, Caissier du Théâtre Français, la
» somme de deux mille livres portées au mandat
» souscrit par MM. les Comédiens, le 12 du
» présent mois, *& formant le compte définitif*
» *arrêté entre la Comédie & moi,* pour les

---

(1) Nous n'avons pas besoin de dire que ces *six mille livres* payées par la Comédie française aux héritiers de Dubelloi étoient en outre des sommes que Dubelloi avoit reçu lui-même de la Comédie française, pour chacune de ses pièces pendant sa vie.

(2) L'acte est du 4 *Novembre* 1778, & passé chez Hua, Notaire.

» pieces du Satyrique & de l'Ecueil des Mœurs,
» lefquelles déformais lui appartiendront en
» propre » ne foit pas un titre de propriété?

Croit on que cette ceffion de M. de la Harpe,
qui a *rédigé* la Pétition,

« Je fonffigné cede aux Comédiens Français,
» *en toute propriété*, ma Tragédie de Warvick,
» lorfqu'ils en auront donné fix repréfentations
» avec le droit ordinaire d'Auteur, dans le
» courant de l'hiver prochain (1), » ne foit
pas un titre de propriété?

Mais d'ailleurs, qu'importe, des actes?

Des actes ne font pas néçeffaires; des conventions fuffifent.

Ce font les conventions qui tranfmettent les
propriétés.

Ce font les conventions qui tranfmettent fur-
tout les propriétés *incorporelles*; les actes n'en
font que la preuve.

Mais ces conventions, dit-on, n'ont pas été

____

(1) Du 29 Juin 1773.

libres, car les Comédiens Français avoient·un
privilège (1).

Ils avoient un *privilège*.,.. Mais fous ce
rapport les autres Théâtres n'en avoient-ils pas ?

‘ Ces Théâtres ne refpectoient-ils pas mutuellement leurs propriétés ? Se dépouilloient-ils les
uns les autres ?

Les Français jouoient-ils les pieces des Italiens ?
Jouoient-ils celles du Théâtre de Monfieur, des
Variétés? Empiétoient-ils d'aucune manière fur
les autres Spectacles ?

Ces conventions n'ont pas *été libres*.....
Eh qui forçoit donc les Auteurs à compofer
dés Pieces pour les Comédiens Français ?

Ces Comédiens leur en ont-ils jamais impofé
la Loi ?

Les Auteurs, quand ils compofoient leurs
Pieces, ne connoiffoient-ils pas les Loix par
lefquelles les Spectacles étoient gouvernés ?

N'ont-ils pas confenti à fe foumettre à ces

---

(1) Page 31 de la Pétition.

Loix quand ils ont confenti à travailler pour
le Théâtre qu'elles régiſſoient?

N'étoient-ils pas, au fonds, les maîtres d'im-
poſer à la Comédie Françıiſe telle condition
qu'ils auroient voulu, ou de garder leurs Pieces
dans leur porte-feuille?

Ne pouvoient-ils pas même les faire jouer
dans les Provinces, par préférence à la Capitale?

En un mot, n'eſt-ce pas une dériſion que
de prétendre avoir le droit d'anéantir toutes les
conventions qui ont été faites pendant plus de
cent années entre la Comédie Françaiſe & des
Auteurs qui n'exiſtent plus, par cela ſeul que,
pour l'intérêt même de l'art, pour multiplier
encore les talens illuſties, pour ajouter à la
pompe des chef-d'œuvres de la ſcène Françaiſe,
la puiſſance publique a voulu qu'il n'y eut à
Paris qu'un ſeul Théâtre qui réunît tout ce qu'il
pourroit y avoir de ſujets diſtingués dans les
parties même les plus oppoſées, & où on vit
lutter, pour ainſi dire enſemble, tous les rivaux
& tous les modèles?

Comment oublie-t-on d'ailleurs que toutes ces
pièces acquiſes par la Comédie Françaiſe, toutes

ces Pieces de Corneille, de Moliere, de Racine, de Voltaire, toutes ces Pieces immortelles qui forment le véritable fonds du Répertoire de ce Spectacle, font en même temps la véritable *hypothèque* de fes Créanciers?

Comment oublie-t-on que c'eſt ſur la foi de la propriété de toutes ces Pièces, que les Comédiens Français ont, pendant plus d'un fiècle, contracté, tranſigé, acquis des immeubles, créé des rentes, en un mot ſtipulé une multitude de conventions de tout genre?

Comment oublie-t-on ſur-tout que toutes ces Pieces font le gage ſacré des penſions qu'ont obtenu & mérité d'eux, après les ſuccès les plus éclatans & les travaux les plus aſſidus, les Clairon, les Dumeſnil, les Dangeville, lès Préville, les Briſard, & tous ces Acteurs célèbres encore exiſtans, & qui ont fait ſi long-temps & l'admiration & les délices de toute la France?

Dépouillera-t-on la Comédie Françaiſe, pour ſe montrer ſi lâchement ingrat envers des talens qui en ont été & qui en feront à jamais la gloire?

Voilà pour ce qui regarde les Pieces des Auteurs *morts*.

A l'égard des Auteurs *vivans*, il y a deux choses essentielles à distinguer; le passé & l'avenir.

D'abord, quant au *passé*, les Auteurs ne disconviendront pas sans doute qu'ils n'ayent eu jusqu'ici le droit de disposer de leurs Pièces, qui étoient bien leur propriété personnelle à leur volonté.

Or, il n'y a que deux manières de disposer d'une Pièce de Théâtre.

Ou de traiter à forfait avec les Acteurs avant que la Pièce ne soit jouée.

Ou de s'associer aux bénéfices que produisent les représentations qu'on en donne.

La première méthode étoit, comme on l'a vu, en usage du tems de Corneille.

Les Comédiens François traitoient à forfait avec lui, & ils lui achetoient ses pièces, pour un prix convenu.

Mais on eut bientôt occasion de s'appercevoir qu'on ne pouvoit pas faire un pareil marché avéc toute efpèce d'auteurs, car on fe feroit expofé alors à acheter beaucoup de pièces qui non-feulement n'auroient pas rendu le prix qu'elles auroient coûté, mais peut-être même les frais qu'il auroit fallu faire pour les mettre fur le théatre.

On fut donc obligé d'imaginer la méthode de l'affociation aux bénéfices.

Pendant longtems le mode de cette affociation, tel qu'il avoit été fixé, n'éprouva aucune conteftation de la part dés auteurs.

Mais il y a quelques années qu'ils fe plaignirent.

Ils prétendirent qu'on leur impofoit une trop forte contribution dans les dépenfes, & qu'on ne leur donnoit pas une affez grande part aux récettes.

Il fallut en venir à un réglement nouveau.

Ce réglement fut fait avec toute la maturité & toute la réflexion imaginables.

Les Auteurs nommèrent des Commiffaires, & les Comédiens François auffi.

C'étoient M. Saurin, M. Marmontel, M.

Sedaine & M. de Beaumarchais qui avoient été choisis par les Auteurs pour difcuter & faire valoir leurs droits, & il eût été fans, doute difficile de choifir des hommes plus capables de les foutenir.

On travailla à ce réglement pendant trois mois de fuite.

C'eft dans le cabinet d'un Jurifconfulte cé-lèbre, M. *Gerbier*, qu'il fut rédigé, & quand les Auteurs prétendent, dans leur pétition, que ce réglement étoit oppreffeur, certes il faut qu'ils n'y aient pas même jetté les yeux, car, pour peu qu'on le life, on verra bien que s'il y a une des deux parties qui y ait impofé la loi à l'autre, çe ne font pas les Comédiens.

Du refte, de quelque manière que ce régle-ment foit combiné, les Auteurs l'ont foufcrit, & quoiqu'ils en difent, ils l'ont foufcrit avec liberté.

Ils ont confenti qu'au moyen du *feptième* de la recette, qu'ils auroient le droit de per-eevoir pour chaque repréfentation de leurs pièces, ils en perdiſſent la propriété, lorſque leurs pièces ſeroient tombées *deux fois* de ſuite dans ce qu'on appelle *les règles* (1), c'eſt-à-dire, au-deſſous des frais déterminés à une meſure différente, ſuivant les ſaiſons.

Or, ce conſentement-là eſt une vente.

Cette nature de vente n'eſt pas même diffi-cile à juſtifier.

Quand la pièce eſt bonne, & qu'elle a un grand ſuccès, le marché fixé par le réglement profite également aux Auteurs & aux Comé-diens.

La comédie de *Figaro*, par exemple, qu'on cite dans la Pétition, a valu à M. de Beaumar-chais *ſoixante & dix mille liv.*, & n'eſt pas deve-nue encore la propriété du Théatre François, & ne la deviendra peut-être jamais.

Certainement il n'y a pas d'Auteur qui ne convienne que pour une pièce quelconque *ſoixante-dix mille livres* ne ſoient un prix bien

____

(1) Ou *trois fois*, quand les époques ſeroient diffé-rentes.

raifonnable, & on pourroit dire même bien avantageux,

On dit que les Comédiens ont auſſi beaucoup gagné à la repréſentation de la comédie de *Figaro.*

Mais qu'importe ce que les Comédiens ont pu gagner ? Cela empêche-t-il que M. de Beaumarchais n'ait gagné lui - même *foixante-dix mille livres ?*

Quand l'Auteur d'un ouvrage vend ſon manuſcrit à un Libraire pour une ſomme de *douze cents livres,* & que le Libraire en gagne lui-même ſur cet ouvrage plus de *douze mille,* l'Auteur a-t-il pour cela le droit de revenir ſur ſon marché, & de demander à en faire un autre ?

Combien d'hommes célèbres ont fait la fortune de leurs Imprimeurs, & n'ont retiré euxmêmes de leurs immortels écrits que bien peu de chofes?

Rouſſeau entr'autres, ce Philoſophe qui jouit enfin aujourd'hui de toute ſa gloire, ne vendoit-il pas tous ſes ouvrages à un prix modique, & ne se louoit-il pas encore de cet honnête Libraire d'Amsterdam (1) qui lui faisoit cent écus de pension au-delà du prix convenu entre eux?

On se plaint de cette disparité, mais c'est précisément là le hazard des entreprises.

Le Libraire qui achete un ouvrage peut y faire sans doute un grand bénéfice, mais il peut aussi se ruiner, & c'est cette chance qu'il court qui rend le marché qu'il fait légitime.

De même si une pièce de théatre ne réussit pas, les Comédiens y perdent le tems qu'ils ont employé à l'apprendre, les dépenses qu'ils ont faites pour les habits qu'elle peut avoir exigé, & les frais que la représentation occasionne.

Ils n'en acquièrent d'ailleurs la propriété, que lorsque cette propriété n'expose plus qu'à des pertes, & devient en quelque sorte inutile.

Le public est à cet égard l'arbitre souverain.

Que feroit un Auteur d'une pièce que le

____

(1) Marc-Michel Rey.

Public n'a pas envie de voir, & à laquelle il ne trouve aucun intérêt ? A quoi lui ferviroit cette propriété qu'il réclame ? De quel ufage feroit-elle pour lui ?

Le *Souper magique*, par exemple, n'a pas rapporté aux Comédiens les frais qu'ils ont été obligés de faire pour le jouer, & cependant l'Auteur a reçu d'eux une rétribution qu'il a fallu qu'ils tiraffent de leur propre bourfe (1).

Ce n'eft donc pas du réglement qui exifte & qu'ils ont rédigé eux-mêmes que les Auteurs devroient fe plaindre.

Qu'ils faffent de bonnes pièces, qu'ils faffent des pièces qui attirent le Public en foule, qu'ils faffent des pièces qui, après cent repréfentations fucceffives n'épuifent pas encore la curiofité, ou ne fatiguent pas encore l'habitude, & ils verront que le réglement n'eft pas une loi qui leur nuife.

Mais fi, en effet, ce réglement les bleffe, s'ils ne veulent plus des conventions fur lef-

____

(1) Cet Auteur n'en a pas moins *figné* auffi la Pétition.

C

quelles il porte, si ces conventions leur pa-
roissent trop onéreuses, les Comédiens François consentent bien volontiers qu'en respectant
tout ce qui s'est fait jusqu'au moment où nous
nous trouvons à l'abri de ce réglement; car on
ne peut, sous aucun prétexte, toucher *au
passé*, ses dispositions n'ayent plus à *l'avenir*
aucune influence.

Alors, chaque partie rentrera dans ses droits.

On fera alors des marchés à chaque pièce.

Les Auteurs seront les maîtres d'imposer
telles conditions qu'ils jugeront à propos, mais
les Comédiens seront libres aussi d'y souscrire,
s'ils le veulent.

On sent bien, en effet, qu'il ne peut pas y
avoir en cette matière de loi générale.

L'Assemblée Nationale, toute puissante qu'elle
est, ne peut pas elle-même créer des règles.

Elle ne peut pas forcer les Auteurs à s'assu-
jettir à telles bases, ni les Comédiens à faire tels
sacrifices.

Il ne peut y avoir absolument sur ce point

entre les Auteurs & les Comédiens, que des loix conventionnelles.

Puisque les Auteurs se plaignent de celle qui existe, chacun se'a désormais la sienne.

Il n'y a que ce seul moyen de se concilier ; & si, à la grande satisfaction des Auteurs, un second Théâtre vient à s'établir, ils pourront proposer à ce second Théâtre les marchés que la Comédie Française n'aura pas agréés ; & ils verront si, pour les procédés, pour les rétributions, & pour l'estime, leur condition en deviendra plus avantageuse.

Au surplus, pourquoi donc tous ces efforts des Auteurs Dramatiques contre les Comédiens Français ? Pourquoi cette espèce de conjuration ? Pourquoi cette animosité, qui semble chaque jour devenir plus vive ?

Quand les Auteurs seront parvenus à écraser un Théâtre qui est le dépôt de toutes les richesses nationales, & l'instrument de leur propre gloire à eux-mêmes, qu'y auront-ils gagné ?

Ils auront découragé des talens qu'on aime ,

[34]

anéanti une émulation néceffaire , rendu de
grands travaux inutiles, introduit la confufion
des genres les plus difparates, détruit jufqu'à
la trace de ces fouvenirs qui confervent des
traditions précieufes , & qui ne peuvent fe
perpétuer qu'entre des Artiftes qui vivent en-
femble ; & l'Art ne fera plus.

MOLÉ , DAZINCOURT, FLEURY,
*fondés de pouvoirs des Comediens
François ordinaires du Roi.*

www.ingramcontent.com/pod-product-compliance
Lightning Source LLC
Chambersburg PA
CBHW061334050726
47595CB00005B/1926